काव्यांजलि

कलम से कामयाबी के शिखर तक

भूमिका परमार

Copyright © Bhumika J Parmar 2023
All Rights Reserved.

ISBN 979-8-88935-921-0

This book has been published with all efforts taken to make the material error-free after the consent of the author. However, the author and the publisher do not assume and hereby disclaim any liability to any party for any loss, damage, or disruption caused by errors or omissions, whether such errors or omissions result from negligence, accident, or any other cause.

While every effort has been made to avoid any mistake or omission, this publication is being sold on the condition and understanding that neither the author nor the publishers or printers would be liable in any manner to any person by reason of any mistake or omission in this publication or for any action taken or omitted to be taken or advice rendered or accepted on the basis of this work. For any defect in printing or binding the publishers will be liable only to replace the defective copy by another copy of this work then available.

अनुक्रमणिका

मेरे माता पिता के बाद यदि कोई मेरे जीवन के संघर्ष और सफलता का साझेदार रहा है,

तो कुदरत ने मेरे मार्गद्शक के स्वरूप डॉ लाजवंती नायडू से मेरी मुलाक़ात करवाई

जिन्होंने मेरे दिशाहिन् जीवन को एक दिशा प्रदान की है तथा मेरे जीवन में वे एक विशेष व्यक्ति का स्थान रखती है।

डॉ लाजवंती नायडू पर्यटन में पी.एच.डी धारक है वह एक बहुत ही नेक महिला है। वह हमेशा disabled persons (a person with special abilities) की मदद करने के लिए अपना सर्वश्रेष्ठ देती है, इनके सक्रिय योगदान के बिना आप सभी पाठको के सामने मेरी कला काव्यांजलि के रुप में न आ पाती केवल यही नहीं मेरे कला को एक किताब का आकार देने से लेकर मेरे करीयर को आधार देने तक उनका महत्वपूर्ण योगदान

रहा है। वर्तमान में वह आंध्रप्रदेश पर्यटन सहायक निर्देशक रणनीति से जुड़ी हुए है तथा आंध्रप्रदेश के समुद्री तटों के विकास के हेतु काम कर रही है।

जिस प्रकार श्री कृष्ण अर्जुन के सारथि बने थे ठीक उसी प्रकार मेरे जीवन मे सारथि, के रूप में मैने डॉ लाजवंती नायडू को पाया है और आजीवन उनकी मैं शुक्रगुज़ार रहूगी जो उन्होंने समय-समय पर अपने मार्गदर्शन से मुझे सही रास्ता दिखाया है।

कवितायें

ॐ सरस्वती नमः

1. काव्यांजली

मेरी पहचान की डगर ये है कविताओं का सफर

भावनाओ के दरिया को जैसे मिल गया शब्दों का

किनारा हो ये है मेरा तराना कल्पना का

आकाश भी वास्तविकता का ये अंश है।

खुद से खुद के होने का एहसास ये है मेरी हर साँस

प्रदीप सी प्रचलित नही न ही दिनकर सी दिव्य है

ये काव्यांजली मेरे होने का प्रतीक है

जो बनकर प्रदीप हरेगी हर मन का तम

ऐसा हुआ मुझे भ्रम।

मायूस चेहरों की मुस्कान बनेगी, मौन अधरों पर
सजेगी

जीवन की बगिया में चुनने खुशी और आशाओ
की कलियाँ, आएगा कोई काव्यांजली की गलियाँ।

2. किसे चुनू?

जिंदगी के तूफान से टकराऊ या फिर टूट जाऊ
हठो को अपनी खोई मुस्कान लोटाऊ या फिर
व्यर्थ ही किसी पे अपने आँसू लुटाऊ किसे चुनू?

जिंदगी की राहो में किसी पर कर लू यकीन
किसी का इंतजार या फिर खुद पर जरा सा एतबार
जमाने के शोर में इस दौर में जमाने के साथ
दौड़ लू या वक्त चुराकर अपने साथ कही
दूर मैं चल दू किसे चुनू?

परछाई बन किसी की जिंदगी मैं गुज़ार लू
या पहचान बनाकर अपनी जिंदगी मैं सवार लू
क्या करू जमाने की धुन पर दौड़ लू या फिर
अपने मन के संगीत से जमाने भर एक नया
राग मैं छेड़ दू किसे चुनू?

3. चित्रकार

दुनिया के उपहास का उपहार और
तानो के हार कर सहर्ष स्वीकार
न हो दुर्बल न कर इनसे इंकार
न हो एक हार से हताश
बन स्वयं अपने सपनों का
चित्रकार तू कर उन्हें साकार।

देख ये नये सवेरे का आगाज़
लेकर सूरज से नयी रौशनी
भरकर भीतर एक नया अंदाज़
चल भीड़ जा नयी चुनौतियों के संग
भर अपने सपनों में आशाओं के रंग
बन स्वयं अपने सपनों का
चित्रकार तू कर उन्हें साकार।

बनकर संघर्ष का हमकदम तू चल उसके संग हर दम
भरकर साहस का सागर मन में मिटाकर सारे गम
खिला उस पर
खुशियों के कमल बन स्वयं अपने सपनों का चित्रकार
तू कर उन्हें साकार।

4. सपनों को पाने की आशा

भीतर है जो तेरे सपनों को पाने की आशा बुझने न पाए वो देख ऐ राही।

चाहे हो कितनी ही मुश्किलें खड़ी जीवन मे तेरे उनसे घुटने न देना

अपने सपनों का गला तू कभी ऐ राही।

सपनों को पाने की राहो मे हो कठिनाईया कितनी ही हौसलो को न देना झुकने हिम्म्त को न देना टूटने तू कभी ऐ राही।

राहो मे भले तन्हा ये दिल तेरा मायूस बस न होना तू, दिल मे खीलाए कलाम के संघर्ष की कली महका

अपने सपनों के बागो को उनके संघर्ष की खुशबू से तू ऐ राही।

भीतर है जो तेरे सपनों को पाने की आशा बुझने न पाए वो देख ऐ राही।

वक्त की पुकार सुन चल निकल अपने जीवन के अंधेरो से बाहर

अपने सपनों की रौशनी मे तू झाक जमाने से होकर
बेपरवाह तू चल
भर ले अपने सपनों की उड़ान तू ऐ राही।
भीतर है जो तेरे सपनों को पाने की आशा बुझने न
पाए वो देख ऐ राही।

5. मोबाइल

मानव ने बनाया ये कैसा यंत्र

बच्चे-बुढ़े सब मिलकर लेते इसका आनंद तार नही
भाई अब होती है
video chatting

खाना-पीना, पढ़ना - लिखना सब भूलकर बच्चे करते
whatsapp calling

हर कोई हुआ social media का शिकार

whatsapp, facebook, instagram का चढ़ा बुखार

दाम इसका छूता आसमान को

पर आज दुनिया मे ज़रूरी ये सामान।

ज्ञान का जरीया

ये काला का केद्र भी

ये मनोरंजन का है दरिया

हर मन मोह लेने वाला यंत्र

ये मोबाइल बन गया आज सब का मंत्र।

6. जन्मदिन मेरा

मुबारक हो मुझे जन्मदिन मेरा
सद्बुद्धि का हो विकास
दुर्बुद्धि का हो नास
खुशियो भरी हो हर सेहर
मन में हो उमिदो की लहर
मुबारक हो मुझे जन्मदिन मेरा।

तन में हो उर्जा का संचाल
सकारात्मक हो हर विचार
मुशकिलो से भरा है रास्ता
पर ना छुटे मंज़िलो से वास्ता
मुबारक हो मुझे जन्मदिन मेरा।

7. जीवन तो है, रेलगाड़ी

जीवन तो है, रेलगाड़ी कभी दौड़ती
सुख की पटरी पर तो कभी दुख की पटरी पर
चाहे छाये कष्टो के बादल तू चलता रहे।।

अपने लक्ष्य की राह पर, थामे सत्य का मार्ग अटल,
जो कभी छाये घनघोर विपत्तयों का बादल जीवन में,
हताश हो मत बैठना तू, कभी पास तो कभी फेल।।

क्या ये खेल है, जीवन का चल ढकेल
अपनी विपत्तयों को अंधेरे में, पार कर सारी
बाधाओं को गीत ये जीवन का गाता चल।।

खुशी से, मस्ती में जीवन बिताता चल,
छाये जो कष्टो की लकीरें चेहरे पर
उन्हें तू मुस्कुराहटो से सजता चल।

सुख-दुख में मुस्कुराते चल गीत ये
जीवन का गाता चल, जीवन तो है, रेलगाड़ी कभी
दौड़ती
सुख की पटरी पर तो कभी दुख की पटरी पर।।

8. हर दिन खास है

नया दिन है हर साँस में कुछ नया करने की आश है
मंज़िल की प्यास है हर दिन खास है।
इस पल जीवन की हर कठिनाई कल की कामयाबी
होगी
अपनी काबिलियत पर है पुरा यकीन कहानी मेरी
आसमानी होगी।
यही आश है मंज़िल की प्यास है हर दिन खास है।

9. तुम साथ हो

तुम साथ हो पर पास नही मन का विश्वास हो तुम
एक मीठा सा अहसास हो तुम साथ हो इस से इनकार
नही

पास ना हो ये भी स्वीकार नही तुम साथ हो पर पास
नही।

मन की आशा हो, मेरी परिभाषा हो तुम सुबह की
पहली धूप हो

बारिश की पहली बूंद हो,

कुदरत का हर रूप हो तुम जीवन

का हर रंग हो मेरे संग हो तुम।

मुझे मेरे होने का एहसास हो,

मेरी हर साँस हो तुम

साथ हो पर पास नही ये भी स्वीकार नही।

10. तुम कल्पना हो मेरी

तुम साधना हो मेरी तुम प्राथना हो मेरी
तुम प्रेरणा हो मेरी दूर हो अनजान हो मगर
पहचान हो मेरी तुम कल्पना हो मेरी।
तुम सोच में तुम स्वर में सासों में मेरे हर
एक एहसास में हो तुम तेरे एहसास के साये
ने दिया जीवन की हर डगर पर साथ मेरा
मगर तुम कल्पना हो मेरी।

पर्वत से भारी मन को पवन सा हल्का पाया
जब से सोचा तुम्हे भीतर अपने
एक कस्तुरी मृग को फिरते पाया
मन को अपने कस्तुरी से उसकि घिरते पाया
अनजानी सी है ये दूरी फिर भी मिलने की आशा है पूरी

खुद को खोकर खुद ही में तुम को पाया है
जैसे साथ मेरे खुदा का साया है
खेल ये जीवन का अब प्यारा लगने लगा

तेरा साथ सारे जग से न्यारा लगने लगा
जीने का ये सलिका सिखा हर पल
मुस्कुरा ने का तुम्ही से ये तरीका सिखा
मगर तुम कल्पना हो मेरी।

11. कोरोना छा गया
लॉकडाउन आ गया

बचना ऐ भारतवासियो लो कोरोना आ गया

सारी दुनिया मे छा गया

छटेगा कब ये कोहरा सवाल हर दिल मे

जवाब नही फिलहाल लॉकडाउन ही

एक इलाज इसका।

ख़ामोश सड़को मे होगा शोर फिर

गूंजेगी हसी सजेगी दोस्तों की महफ़िल

दौडगी अर्थव्यवस्था हमारी फिर से

लौटेगी मायूस चेहरों पर मुस्कान

मिलकर साथ हम छुड़ाएं कोरोना के छक्के

ये ज़ग भी हम जीत ही जाएगे।

चूमेगा कामियाबी के कदम भारत प्यारा फिर से

हमारा गूंजेगा भारत का नवबेदित जयकारा सारे जग मे

बचना ऐ भारतवासियो लो कोरोना आ गया

सारी दुनिया मे छा गया।

12. इंसानियत सी कोई बात

आओ सुनाऊ तुम्हें एक राज़ इंसान मे नही रही अब
इंसानियत सी कोई बात
न सुकून रात को पाता है न चैन दिन मे उसे आता है
लालच की लाठी लकेर दौड लगता है खुद से ही दूर
वो हो जाता है
आओ सुनाऊ तुम्हें एक राज़ इंसान मे नही रही
अब इंसानियत सी कोई बात।

उन्नति मे अपनी प्रकृति को आहत करता
उमडा प्रकृति से कल फिर इस मे ही मिल जाएगा
जान कर भी अंजान बैठा न जाने किस बात पर ऐठा है,
प्रकोप इसका अब सह नही पता है फिर पीछे पछताता है।
आओ सुनाऊ तुम्हें एक राज़ इंसान मे नही रही
अब इंसानियत सी कोई बात।

पत्थरो को पूजता फिर उन्हे उठा पत्थरबाज़ कहलाता है
रक्षक को भक्षक समझ बैठा न जाने किस बात पर
ऐठा है
देख ये तस्वीर हर धर्म हुआ पानी-पानी नही रही माँ
की चूनर धानी
आओ सुनाऊ तुम्हें एक राज़ इंसान मे नही रही
अब इंसानियत सी कोई बात।

13. मास्क का पहरा है

समय ये गहरा है हर चहरे पर, मास्क का पहरा है
युद्ध ये कठिन है पर योद्धा हमारे जतिन है
चलो करे योद्धाओ की सहज ही सहायता करे स्वयं
अपनी ही सुरक्षा
समय ये गहरा है हर चहरे पर, मास्क का पहरा है।

डगमगाया था जब सारा संसार जगमगाया तब केवल
देश हमारा प्यारा है
था प्रकाश नही केवल वो एक दीप का, था प्रकाश वो
हमारे विश्वास का हमारे
उलास का, जिससे हारेगा निश्चित ही एक दिन ये
कहर कोरोना का
समय ये गहरा है हर चहरे पर, मास्क का पहरा है।
हवाओ का विश भी होगा अम्रत धीर धर कर जो
चलेगे हम
ये पतझड़ भी हो जाएगा बसंत युद्ध ये जीतकर चलो
जग
में एक मिसाल बने हो जो रोशन सारे दिल्लो मे ऐसी
एक मशाल बने
समय ये गहरा है हर चहरे पर, मास्क का पहरा है।

14. अब मुझे कुछ करना है

अब मुझे कुछ करना है
अब ना रुकना है ना झुकना है
ना थकना है ना थामना है
अब मुझे कुछ करना है
अब बस आगे बढ़ते जाना है।

अपने लिए नहीं अपने वतन के लिए जीना है
सुलगानी ऐसी आग आँखो मे देख जिसे पिघले,
हर मुश्किल रहो कि

हो हौसले में दम इतना ना झुक सके ज़िन्दगी की
ज़िद के आगे
दिल में जलानी है मशाल ऐसी जो बनकर मिशाल
रोशन करे जग को
करने वीरो के सपने साकार, अपने लिए नहीं अपने
वतन के लिए जीना है

अब मुझे कुछ करना है
अब ना रुकना है ना झुकना है
ना थकना है ना थामना है
अब मुझे कुछ करना है
अब बस आगे बढ़ते जाना है।

15. सपनों की शक्ति

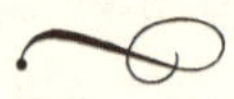

सपनों के लिए हर कीमत अदा करना
उन्हे न आखो से न सासों से जुदा करना
है ये जख्म भी मरहम भी जीवन की डगर मे
सगं ये हरदम तेरे अपने ही कुछ सपने।
कभी सताते तो कभी हसाते है
आखो मे चुभते तो कभी चमकते है
ये सपने यूही पालको पर सजते है
कभी तोड़ते है तो कभी जीवन को नया मोड देते है
सपनों की ये अनूठी शक्ति
देती जीवन को नई ज्योति।

16. रंगीन ज़िन्दगी

ज़िन्दगी मेरी अब रंगो सी सजने लगी है
राहो की मुश्किलें काटो सी चूभती थी
कभी जो फूलो से सजने लगी है
ज़िन्दगी अब महकने लगी है।

हर मुश्किल अब आसान होने लगी है
मेरे जीवन की बगिया मे महक तुम ही से
मेरे सपनो के मुरझाए फूलो को खिलना
सिखलाया है तुम ने ही।

तुम से ही सीखा जीने का ये सलीका
हर पल मुस्कुराने का ये तरीका है
हो तुम ही वो फ़रिश्ते जिसे माना मैने
अपना ख़ुदा।

17. मैं ख्वाब बुनने लगी हू

मैं ख्वाब बुनने लगी हू

अनकही बाते तेरी सुनने लगी हू
ज़मी से असमा छूने लगी हू
मैं ख्वाब बुनने लगी हू।

इश्क तेरा ताकत है मेरी एक इशारा
तेरा मेरे कमजोर इरादों को बुलंद करता है
साथ तेरा बुलंदियों को छूने में मदद करता है
ये इश्क तेरा मुझे यू ही मशहूर करता है।
करना इबादत तेरी आदत है मेरी।

अनगिनत ख्वाबों की एक तस्वीर है तू
प्यारे ख्वाबों को सिने से लगा हकीकत मे जी
रही हू अपने हाथों जो लिखि मैंने मेरी वो तक्दीर है तू
मैं ख्वाब बुनने लगी हू।

18. गर्व हमको है होता

सृष्टि में है यह महान देश हमारा
पर्वत हिमालय हमारा जब छूता नभ को
इस धरती पर जन्मे हम, गर्व हमको है होता।

जब -जब छाये संकट के मेघ इस धरती पर
वीरो ने अपनी वीरता दिखलाई
बादल से जब करता बाते तिरंगा हमारा।

इस धरती पर जन्मे हम, गर्व हमको है होता
सृष्टि में है यह महान भारत देश हमारा
गर्व हमको है होता।

19. मैं हिन्दुस्तानी

मैं नई ऊर्जा एक नई उमीद के साथ
एक नई उड़ान भरने की कहानी हू हा मैं
हिन्दुस्तानी हू
रुकने की आदत नही ना ही झूकने की इज़ाजत है
संघर्ष के ईंटो से बनी नई संकल्प व शक्ति की
इमारत हू हा मै भारत हू
सासों में छिपे शिवा राणा के संकल्प
आखों में कलाम के सपने है

मन में बसे राम तन मे सावरकर है
अपने हाथों अपनी कहानी लिखने की
ये पुरानीं आदत है
और कुछ कहने को बाकी है क्या
मेरा हिन्दुस्तानी होना ही काफी है

20. भारत नाम प्यारा है

भारत नाम प्यारा है ये भारत नाम प्यारा
तेरे जयकारो से गूंजे जग सारा
भारत तेरे ही नाम से हम पहचाने जाते है
जो जपते है वसुधैव कुटुम्बकम का मंत्र
भारतीय वही कहलाते है।

भारत नाम प्यारा है ये भारत नाम प्यारा
तेरे जयकारो से गूंजे जग सारा
सब धर्मो का दर्पण तू मानवता का है दर्शन
समता की तू चादर है
हर मन में लहरता माँ का पावन आचल है।

सथ्यता का प्रतीक तू बलिनों का है प्रदीप
ज्ञान के मोती तू विज्ञान की है जोती तू
आज़ादी का आज उत्सव है पल ये अति पावन है
आखो में गर्व के मोती है भक्ति और शक्ति की तू
जोती है।

भारत नाम प्यारा है ये भारत नाम प्यारा
तेरे जयकारो से गूंजे जग सारा
भारत तेरे ही नाम से हम पहचाने जात है।

21. स्वच्छ-भारत

आओ मिलकर भारत को रखे स्वच्छ
स्वच्छता को अपनाऐ
बीमारीयो को दूर भगाए।
रखकर कोना-कोना स्वच्छ भारत का आओ करे बापू
के सपने को साकार।
चलो विश्व में भारत को और चमकाए आओ हम सब
मिलकर हमारे भारत को स्वच्छ बनाए।

22. भारत के लौह पुरुष

आज समय की मांग है चलना हमको संग है
परिवर्तन नियम संसार का परिवर्तन की इस धारा मे
हम न टूटने दे हमारी एकता को
एक भारत दिया हमे लौह पुरुष ने श्रेठ भारत बनाना
अब हमारा कर्म है।
लहरा रहा जो तिरंगा इसकी शान को बनाए रखना
हमारा धर्म है
भूलकर सारे भेद -भाव मिलकर करना नव भारत का
निर्माण हमे
आओ मिलकर करे नमन भारत के सगं विधाता को
देकर एक नया सम्मान भारत को जग मे फिर
होए आखो से ओझल जो वे लौह पुरुष हमारे शे।

23. वीर सावरकर

गोदावरी के गोद मे जन्मे

विदेश जाकर विदेशियों के मन मे डर बनाया

अभिनव भारत का अभियान चलाया

सिपाही विद्रोह को स्वतंत्रता संग्राम करार दिया

CELLULAR (सेलुलर) की यातना सहकर भी

स्वतंत्रता की यात्रा को मन से न मिटने दिया।

शत शत नमन है फूल चरणों में अर्पण

कर में धर कलम क्रांति लाए क्रांतिकारियों

के मन में प्रेरणा की जोत जलाई

कवि वीर सावरकर वो कहलाए।

24. यारी का तराना

ऐ दोस्त क्या याद है तुझको वो पहली मुलाकात
हमारी जब न लफ्जों ने कुछ कहा
एक मुस्कुराहट से ही सजदा एक दूजे को हमने किया था
अनजाने में ये सिलसिला बढ़ता गया कैसे जीवन में
रिश्ता ये खूबसूरत रगों का
सागर के साथ लहरो का हो सिप में जैसे मोती समय
के साथ निखरा रिश्ता हमारा।

याद है वो मस्ती भरी राते खट्टी - मीठी बाते और ढेर
सारी फरियादे
सच यार यू तो साथ तेरे होगी ये यादे रहे खुश जहा
में जहा रहे तू
पर बाद तेरे याद मुझको आएगा ये यारी का तराना तू
है खुशियों का खजाना
मेरी सारी बाते बकवास तूने सुनी जैसे कोई मीठा गीत
ऐ यार तुही तो मेरे जीवन का प्यारा सा संगीत है
मेरी सच्ची जीत।

खुमार ये तेरा सर चढ़कर बोला अनकहे लफ्जों को
सुना चहरे को देख

मेरे हर भाव को मुझे से बहतर समझा तू ने ओ यार
मेरे

मुस्कुराने की वजह तू बना हर दर्द की दवा तू बना
किया मैने तुझे

दुआ में शामिल हू खुशकिस्मत हुआ जो तू हासिल।

25. अब भारत की बारी है

पर्वत से ऊँचे हौसले संघर्ष के किए फैसले हमने
मंज़ूर हमे बलिदानों की आग में जलना
आखों में लिए चलते है हम मिसाइल मैन का सपना
आत्मनिर्भरता का आधार हम विकसित राष्ट्र का
विचार हम।
युग बदलने की तयारी है देख रही
दुनिया सारी अब भारत की बारी है।
इतिहास से प्रेरित हो प्रगति के पथ पर
बढ़े हम रचने को एक नया इतिहास कुछ अनोखा है
हमारा अंदाज़ ये है नए भारत का आगाज़।
युग बदलने की तयारी है देख रही
दुनिया सारी अब भारत की बारी है
व्यक्तित्व तराशे ऐसा जो वतन के काम आए

वैभव लौटाकर वतन का भारत फिर
विश्व गुरु बन जाए सांसें संकल्प यही दोहरायें
धड़कनो में बसी ये धन्य धरोहर हमारी है।
युग बदलने की तयारी है देख रही
दुनिया सारी अब भारत की बारी है।

26. छत्रपति संभाजी

छत्रपति संभाजी की देखो ये अमर कहानी है

आने वाली पीडिय़ों को ये गौरव कथा सुनानी है

स्वराज्य को न मिटने दिया राज्य को न गिरने दिया

स्वराज्यदाता के ख्वाब को न टूटने दिया

छोटी आयु में राज्य संभाला कहलाए

छत्रपति शंभू राजा

छत्रपति संभाजी की देखो ये अमर कहानी है

आने वाली पीडिय़ों को ये गौरव कथा सुनानी है

जीते कई समर कभी न हारे वो रण में

पर विश्वासघात के मारे वो हारे अपनों से

स्वराज्य कायम रखने को जीवन भर संघर्ष किया

अपने आदर्शों और स्वराज्य के खातिर औरंगजेब

की शर्तों को न स्वीकार किया

छत्रपति संभाजी की देखो ये अमर कहानी है

आने वाली पीडिय़ों को ये गौरव कथा सुनानी है

27. झाँसी वाली रानी

तोड़कर चूड़ियाँ तलवार जिसने थामी थी
सुनकर जिसकी गूंज भाग उठे फिरंगी थे
वो तो झाँसी वाली रानी थी।
मातृभूमि के लिए मर-मिटने की जिसने
मन में ठानी थी।
नारी शक्ति की मिसाल जो बन आई थी
वो तो झासी वाली रानी थी।
लहू-लुहान होकर भी फिरंगियों को मारा
तेइस वर्ष की आयु में पाई वीरगती जिसने थी।
वो तो झाँसी वाली रानी थी।
नारी शक्ति की मिसाल जो बन आई थी।
वो तो झाँसी वाली रानी थी।

28. सलाम-कलाम

अखबार बेचकर की शिक्षा पूरी सूरज बनकर
चमकने का किया फैसला बने हर हारे हुए दिल का
हौसला
उन्हे आज मैं कहती सलाम-कलाम।
बनाकर मिसाइल कहलाए मिसाइल मैन
फिर पाया भारत रत्न का सम्मान
उन्हे आज मैं कहती सलाम-कलाम।
बनकर राष्ट्रपति दि भ्रष्टाचार को मात
दिलाकर भारत को एक नया सम्मान जग मे
फिर हुए आखो से ओझल
बन प्रेरणा दिल मे बसे जो
उन्हे आज मैं कहती सलाम-कलाम।

29. देश का सिपाही

आया आया देश का सिपाही आया सगं अपने उमीदो
के सूरज लाया

जब छाया संकट का बादल चट्टान बन खड़ा देखो
सीमा पर

माँ भारती के आचल पर कोई दाग न आने पाए इस
लीए दुश्मनों

से लड़ा है सीमा पर सिपाही खड़ा है।

मौसम ने लाख बदला अपना मिज़ाज पर बूझा न
पाया भीतर जलती

देशभक्ति की मशाल को

सीमा पर उनकी रखवाली है तभी तो दीपावली और
होली है।

आया आया देश का सिपाही आया सगं अपने उमीदो
के सूरज लाया

छोड़ कर अपनो को तोड़ कर अपने सपनों को पालको
में ख्वाब ये सजाया

आज़ाद आबाद रहे हिन्दुस्तान हमारा

आया आया देश का सिपाही आया सगं अपने उमीदो
के सूरज लाया।

30. प्यारा तिरंगा

तीन रंग का प्यारा तिरंगा देखो कैसे शान से लहराता
चूमता गगन को,
इसकी रक्षा के खातिर वीरों ने दिया अपना।
हसते - हसते चढ़ा भगत सिंह फाँसी पर,
जवानो ने खेली सरहद पर खून की होली।
मौसम भले बदलता अपने रंग पर न बदल पाता
उनके इरादों को।
दिल मे जलाए देशभक्ति और बलिदान का दिया
खून से सीचते इस धरती को सरहद पर लड़ते जवान
हमारे
आओ मिलकर हम लड़े भ्रष्टाचार गरीबी और गंदगी
की सेवाओं से
और बढ़ाए तिरंगे की शान को जग भर मे।

31. मुझ में ही भारत मुझ से ही भारत

स्वतंत्रता के स्वर से गणतंत्र के गुणों से मिलकर बना
भारत महान

दोनों का एक सा ही सम्मान हो हमे दोनों पर
अभिमान हो

देश का सम्मान हो।

स्वर भारत स्वर्ग भारत शान स्वाभिमान भारत

संतान हम भारत की पहचान है भारत हमारी

देश है धड़कन हमारी हम ही देश के दर्पण।

मुझ में ही भारत मुझ से ही भारत जागृत यह

भाव मन- मंदिर में हमारे फिर हो जाए

तो भारत फिर अवध का शाम हो जाए

राजा राम हो जाए विवेका का धाम हो जाए

मुझ में ही भारत मुझ से ही भारत जागृत यह

भाव मन- मंदिर मे हमारे फिर हो जाए।

भगत की भक्ति का सत्कार आज़ाद की आजादी का
सम्मान हो जाए

स्वार्थी नही हर मन अगर सारथि हो जाए तो प्रगति
की इस डगर में हम सफल हो जाए
हमारे सपनों का भारत साकार हो जाए वीरो का
बलिदान सार्थक हो जाए
मुझ में ही भारत मुझ से ही भारत जागृत यह भाव
मन- मंदिर में हमारे फिर हो जाए।

शायरी

ॐ सरस्वती नमः

-1-

जिंदगी को गीत समझो
राहो की मुश्किलों को मीत समझो
अपनी हर कामयाबी को जीत समझो
इसे ही तुम जीवन की रीत समझो।

-2-

तकलीफों को चीर कर
अपने तकदीरों का सूरज उगा
ख्वाबो की तस्वीर को
कर हकीकत में तब्दील।

-3-

खुद पर हो हौसला तो
काफिला बन जाता है
जिंदगी मे जीतने का जुनून हो तो
मंज़िल गले लगा ही लेती है।

-4-

कल रात जिंदगी ने एक तमन्ना की

आपसे मिलने की आरज़ू की

आपको शुक्रिया कहने की ख्वाहिश की

जो आपने हमारी जिंदगी रंगो सी

खूबसूरत की।

-5-

दिल मे बसे हो तुम ही दुआ बनकर

साँसों मे सजे हो तुम ही सरगम बनकर

होठों पर सजे हो तुम ही मुस्कान बनकर

आँखों से झलकते हो तुम ही मोती बनकर

पलकों पर सजे हो तुम ही ख्वाब बनकर।

सुविचार

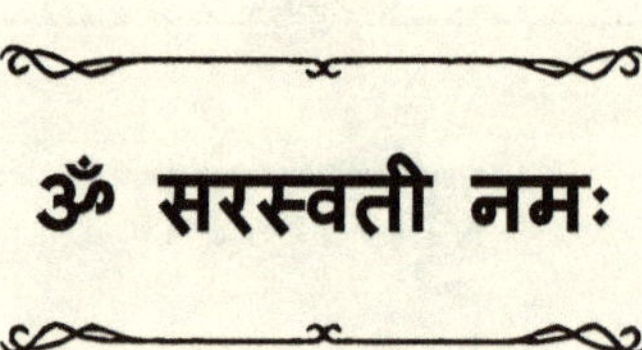
ॐ सरस्वती नमः

-1-

आपकी मृत्यु कुदरत पर निर्भर करती है
लेकिन आपका भाग्य आप पर निर्भर करता है
यदि आप खुद पर विश्वास करते है
तो अपना भाग्य स्वयं बना सकते है।

-2-

सपनों के बिना एक व्यक्ति बिना आत्मा का एक शरीर है। अपनी आत्मा को हो सके तो कभी मरने न दे।

-3-

समस्या रहत जीवन नरक के समान होता है
हमे समस्या जीने की शक्ति प्रदान करती है।

-4-

बन स्वयम अपने जीवन का चित्रकार
तू कर उसे साकार यही जीवन का आधार।

-5-

अटूट संकल्प और अनिश्चित संघर्ष ही सफल जीवन का आधार है।